Vente après décès de Madame *Laumas*

OBJETS D'ART

ET

D'AMEUBLEMENT

Principalement du XVIIIe SIÈCLE

PARIS — JUIN 1912

Vente après décès de Madame X...

OBJETS D'ART

ET D'AMEUBLEMENT

PRINCIPALEMENT

DU DIX-HUITIÈME SIÈCLE

CONDITIONS DE LA VENTE

Elle sera faite au comptant.

Les acquéreurs payeront *dix pour cent* en sus des enchères.

L'exposition mettant le public à même de se rendre compte de l'état et de la nature des objets, il ne sera admis aucune réclamation une fois l'adjudication prononcée.

Paris. — Imp. Georges Petit, 12, rue Godot-de-Mauroi. — 22224-12.

CATALOGUE

OBJETS D'ART

ET D'AMEUBLEMENT

PRINCIPALEMENT

DU DIX-HUITIÈME SIÈCLE

TABLEAUX ANCIENS

Porcelaines anciennes de Chine, Japon, Sèvres, Saxe, etc.

VASES MONTÉS EN BRONZE

BRONZES ANCIENS D'AMEUBLEMENT

CANDÉLABRES, APPLIQUES, FLAMBEAUX, PENDULES, CHENETS

SIÈGES & MEUBLES

ANCIENS ET DE STYLE

Meubles remarquables de Jacob, Saunier, Riesener, etc.

TAPISSERIES ANCIENNES

D'AUBUSSON, BRUXELLES & PARIS

OBJETS VARIES, ETC

DONT LA VENTE AUX ENCHÈRES PUBLIQUES

Après le décès de Madame X...

AURA LIEU A PARIS

HOTEL DROUOT, Salles 9, 10 & 11 réunies

Le Vendredi 14 Juin 1912, à 2 heures

COMMISSAIRE-PRISEUR	EXPERTS
Mᶜ F. LAIR-DUBREUIL	**MM. PAULME & B. LASQUIN Fils**
6, rue Favart, 6	10, rue Chauchat rue Grange-Batelière, 11

EXPOSITIONS

PARTICULIÈRE : Le Mercredi 12 Juin 1912, de 1 h. 1/2 à 6 heures.
PUBLIQUE : Le Jeudi 13 Juin 1912, de 1 h. 1/2 à 6 heures.

Entrée par la rue de la Grange-Batelière.

TABLEAUX ANCIENS

ÉCOLE FRANÇAISE

(xviie siècle)

1 — *Portrait présumé de Mme de Lesdiguières.*

En buste.

Panneau de forme octogone. Haut.. 25 cent.; larg., 19 cent. 1 2.

ÉCOLE HOLLANDAISE

2 — *Vaches au bord de la Meuse.*

Sur la gauche de la composition, trois vaches sont réunies : l'une d'elles s'abreuve dans les eaux du fleuve. A droite, des barques à voiles animées de personnages.

Panneau. Haut., 78 cent. 1/2 : larg., 1 m. 13.

ÉCOLE HOLLANDAISE
(xviie siècle)

3 — *Nature morte.*

Des fruits : pêches, abricots, raisins, etc. et des fleurs ont
été disposés hâtivement sur une console. Au premier plan, un
homard et un plat d'argent ; à gauche, des coquillages ; au
fond, un oiseau perché sur une branche d'arbuste. Un tapis
vert recouvre le coin gauche de la console.

Toile. Haut., 75 cent.; larg., 1 m. 10.

DESPORTES
(Attribué à ALEXANDRE-FRANÇOIS)

1661-1743.

4 — *Nature morte.*

Sur une console de marbre, en partie recouverte d'une
nappe blanche à rayures de couleurs, repose une pièce de
surtout à étagère supportée par des colonnettes, sur laquelle
se voient deux livres, une coupe remplie de prunes et un vase
de faïence chargé de fleurs. Derrière, une aiguière en métal :
en avant du surtout, des fruits sont disposés pêle-mêle sur la
nappe. Fond de draperie bleue retenue par une cordelière à
glands d'or.

Toile. Haut., 81 cent.; larg., 1 m. 15.

HONDEKOETER
(Attribué à MELCHIOR DE)

1636-1695.

5 — *Coq, poules, poussins et oiseaux.*

Ils sont groupés dans un coin de parc, auprès d'un mur en
ruine. Fond de paysage.

Toile. Haut., 83 cent.; larg., 1 m. 02.

LAJOUE
(JACQUES DE)
1687-1761.

6 — *Terrasse avec escalier monumental et fontaine.*

Au premier plan, à gauche, un gentilhomme indique la fontaine à une jeune femme qui se tient près de lui. Sur les degrés de l'escalier, deux groupes de personnages.

Toile. Haut., 73 cent.; larg. 59 cent.

MONNOYER, dit BAPTISTE
Attribué à JEAN-BAPTISTE)
1636-1699.

7-8 — *Vases en marbre chargés de fleurs.*

Deux tableaux décoratifs faisant pendants.

Toile. Haut., 1 m. 68; larg., 1 m. 18.

VERNET
(Attribué à CLAUDE-JOSEPH
1714-1789.

9-10 — *Mer calme. — Mer houleuse.*

Deux marines faisant pendants. Compositions animées de nombreux personnages.

Toiles. Haut., 97 cent.; larg., 1 m. 28.

OBJETS D'ART ET D'AMEUBLEMENT

PORCELAINES ANCIENNES
ET MODERNES
ANCIEN BISCUIT DE SÈVRES

11-2 — GARNITURE DE TROIS PIÈCES : une potiche couverte et deux cornets, en ancienne porcelaine du Japon.

Chacune des trois pièces offre un décor en couleurs et dorure, présentant des paysages avec lac, plantes aquatiques, volatiles, arbres en fleurs, etc. Des lambrequins, à dents obliques, chargés de rinceaux feuillagés en bleu avec réserves en couleurs et dorure, complètent leur riche ornementation.

Hauteur de la potiche, 66 cent.
Hauteur des cornets, 42 cent. 1, 2.

13 — GRANDE POTICHE avec couvercle, en ancienne porcelaine du Japon.

Elle est décorée en bleu, rouge et or, de compartiments chargés de branches fleuries, rochers et oiseaux, séparés par des bandes à fond d'or; lambrequins à l'épaulement ainsi qu'à la base. Le bouton du couvercle est fait d'un chien de Fô, sur un rocher. Socle-support en bois sculpté partiellement doré.

Hauteur de la potiche, 83 cent.

14 — POTICHE en ancienne porcelaine de Chine, décorée en couleurs et dorure, de rochers, branches fleuries et oiseaux, avec lambrequin à l'épaulement et petite bordure à la base.

Haut., 42 cent.

2

— Deux pichets à anse, en ancienne porcelaine de la Compagnie des Indes, décorés en émaux de couleurs : iris et insectes sur la panse dans une zone comprise entre deux bandes bleues chargées de dorure ; bordures à entrelacs et feuillage fleuri.

Haut., 25 cent.

17 — Grosse potiche et couvercle, en ancienne porcelaine de Chine. Époque Ming.

Décorée en couleurs, elle offre, sur toute sa surface, une composition à personnages et animaux dans un paysage : la promenade d'un mandarin et de sa suite, à cheval, précédés de deux guerriers à pied et de deux autres personnages. Au col, branches de pivoines et rochers. Sur le couvercle, des enfants jouant. Socle en bois ajouré.

Hauteur de la potiche, 47 cent.

18 — Deux potiches et couvercles, en ancienne porcelaine de Chine. Époque Ming.

Décorées en couleurs, elles offrent un décor analogue à celui de la potiche précédente, qu'elles peuvent accompagner pour former une garniture. Socles en bois noir.

Hauteur des potiches, 36 cent. 1/2.

19 — Paire de vases porte-fleurs, en ancienne porcelaine de Saxe (au point).

De forme carrée, à culot sphérique et col cylindrique, munis de couvercles ajourés, ils reposent sur un piédouche et un contre-socle. Modelés en relief d'anneaux simulés, de guirlandes de laurier et de feuillage, ils sont décorés en dorure.

Haut., 25 cent 1/2.

20 — Deux petits cache-pots-jardinières, de forme cylindrique, à base arrondie sur piédouche bas, en ancienne porcelaine dure de Sèvres, à bordure de dentelle en dorure.

Haut., 10 cent. 1/2.

21 — GROUPE en ancien biscuit de Sèvres : *la Beauté couronnée par les Grâces,* par *Le Riche.*

Il repose sur un socle ovale en porcelaine moderne de Sèvres, émaillé gros bleu à filets d'or, et est enfermé dans une vitrine-cage, de forme polygonale, en cuivre sur contre-socle en bois.

Hauteur du groupe. 56 cent.

22 — PAIRE DE POTICHES à deux anses-tubes, en céladon vert. décoré de branches fleuries en blanc gravées sous couverte. Bases en bronze.

Haut.. 65 cent.

23 — GRAND COQ chantant. en céramique décorée au naturel.

Haut.. 68 cent.

VASES MONTÉS EN BRONZE

24 — PAIRE DE VASES couverts. en ancienne porcelaine proba-blement de Sèvres. émaillée bleu : monture en bronze ciselé et doré. Époque Louis XVI.

Chacun de ces vases. de forme surbaissée à gorge. est compris dans une monture de bronze finement ciselé et doré. formant brûle-parfums, comprenant une collerette moulurée et ajourée, deux anses se terminant en vrilles sur la gorge et un bouton de couvercle. Il repose sur un pié-douche de feuillage en tore à millerais posant lui-même sur un socle carré orné de rinceaux de laurier. Contre-socle en marbre bleu-turquin avec moulures à petites feuilles et graines en bronze doré.

Haut. 54 cent.

25 — PAIRE DE VASES ovoïdes couverts en porcelaine émaillée
bleu poudré uni. Ils sont montés en bronze ciselé et doré,
formant brûle-parfums : collerette ajourée, bordure godronnée, agrafes tenant lieu d'anses, bouton à graine et base à
quatre pieds feuillagés.

Haut., 40 cent.

26 — PAIRE DE VASES, en porcelaine de Chine, d'époque Tao-
Kouang, décorés de chrysanthèmes en bleu sur fond blanc
et munis de deux petites anses. Montures en bronze ciselé
et doré, à collerette et base ornées.

Haut., 43 cent. 1/2.

27 — DEUX VASES en céladon gris de la Chine, de forme balustre,
munis de deux petites anses faites de salamandres mode-
lées en relief. Base circulaire à moulure godronnée, en
bronze.

Haut., 35 cent.

OBJETS VARIÉS

28 — BRULE-PARFUMS en ancien émail cloisonné de Chine et
bronze doré.

De forme rectangulaire, la panse et le col sont décorés
de grosses fleurs et de rinceaux en émaux de couleurs sur
fond bleu turquoise. Deux animaux chimériques tiennent
lieu d'anses; il repose sur quatre pieds griffons et est surmonté d'un couvercle ajouré fait de rinceaux, sur lesquels
se dresse un chien de Fô en bronze doré.

Haut., 29 cent.

29 — AUTRE BRULE-PARFUMS, en ancien émail cloisonné de Chine
et bronze.

De forme sphérique, il repose sur trois pieds et est décoré
de bordures et rinceaux en émaux de couleurs sur fond bleu.
Le couvercle ajouré est surmonté d'un chien en bronze.

Haut., 10 cent.

30 — CACHE-POT-JARDINIÈRE, de forme ronde, en émail cloisonné
de Chine, décoré d'un semis de fleurettes en couleurs sur
fond bleu turquoise.

Haut., 19 cent.

31 — DEUX GROUPES en bronze à patine brune, d'après Duques-
noy : *Enfants à la colombe, Enfants à la conque.* Socles de
base en marbre et bronze doré. *Maison Henry Dasson, 1878.*

32-33 — DEUX GLACES dans des encadrements rectangulaires en
bois sculpté doré, à décor de laurier et frontons faits
d'attributs de jardinage; cul-de-lampe à rinceaux. Ancien
travail hollandais.

Haut., 1 m. 05.

34 — PAIRE DE BRAS-APPLIQUES à deux lumières, en bois sculpté
doré. XVIII siècle.

Ils sont formés chacun d'une corne chargée de fleurs,
placée entre deux volutes feuillagées, desquelles partent les
branches porte-lumières.

Haut., 53 cent.

BRONZES D'AMEUBLEMENT

ANCIENS ET MODERNES

Candélabres, Appliques. Flambeaux, Pendules, Chenets.

35 — PENDULE ET SON SUPPORT cul-de-lampe, en bois noir et
écaille rouge jaspée, ornée de bronzes ciselés et dorés.
Époque Louis XIV.

La pendule, de forme droite à angles abattus, est surmontée d'un fronton avec petit dôme et repose sur quatre
pieds-balustres. Le support en cul-de-lampe, de forme
mouvementée, se compose d'une tablette que portent trois
consoles à volutes se réunissant en faisceau à la base. L'ornementation de bronzes dorés comprend des cariatides-gaines,
des moulures plates, des coquilles, culots, petits vases et
mascarons. Sous le cadran métallique marqué : *Bouquet, à
Dijon,* est un bas-relief en bronze présentant : *le Char
d'Apollon sur des nuages.*

Haut. totale, 97 cent.

36 — PAIRE DE FLAMBEAUX, bouts de table, à deux lumières, en ancienne porcelaine émaillée blanc de Berlin, montée en bronze ciselé et doré. XVIIIᵉ siècle.

Haut., 32 cent. 1/2.

37 — PENDULE en bronze ciselé et doré. Époque Louis XVI.

Le mouvement, couronné d'une statuette d'amour sur un nuage, est porté par un tronc d'arbre reposant sur une terrasse, ornée, à droite, d'une figure d'Apollon, debout, pinçant de la lyre, et, à gauche, d'un autre amour tenant un feuillet de musique. Socle rectangulaire à gorge, pilastres cannelés et frise ajourée à entrelacs, rosaces et culots.

Haut., 52 cent.; larg., 43 cent.

38 — PAIRE DE CANDÉLABRES en marbres de couleurs et bronze ciselé et doré. Époque Louis XVI.

Chacun d'eux est formé d'un vase godronné en marbre de couleur, à collerette, culot et piédouche de bronze doré, duquel s'échappe un bouquet de trois branches de lis porte-lumières; socle circulaire en marbre blanc, orné de guirlandes de fleurs, et contre-socle carré de même marbre que les vases.

Haut., 78 cent.

39 — PAIRE DE GRANDS CANDÉLABRES, en bronze patiné, bronze doré et marbre. Époque Louis XVI.

Chacun de ces candélabres est formé d'une statuette de femme debout, drapée à l'antique, en bronze patiné; elle soutient de ses deux bras une corne d'abondance, creusée de cannelures, à pavillon feuillagé d'où s'échappe, au milieu de fleurs de pavot, un bouquet de trois rinceaux porte-lumières avec tige centrale portant une quatrième lumière, en bronze ciselé et doré. La statuette repose sur une base circulaire moulurée, à canaux obliques formant piédouche. Le contre-socle, de marbre bleu-turquin, offrant la forme d'un fût de colonne engagée, est orné de moulures et d'une frise à sujet de petits enfants, en bronze ciselé et doré.

Haut., 1 m. 05.

40 — Pendule en marbre blanc et bronze ciselé et doré. Époque Louis XVI.

En forme de portique à deux colonnes de marbre blanc festonnées de laurier, dont l'entablement cintré porte le mouvement; couronnement fait d'un vase. Elle repose sur une base rectangulaire de même marbre, enrichie d'une frise de rinceaux et de rosaces, en bronze ciselé et doré. Le cadran porte la marque : *Imbert l'aîné, à Paris.*

Haut., 42 cent.

41 — Paire de flambeaux-cassolettes en porcelaine blanche et bronze doré. Époque Louis XVI.

De forme ovoïde avec partie supérieure mobile pouvant former vases ou flambeaux. Support-trépied et base circulaire, en bronze doré, sur contre-socle en marbre blanc.

Haut., 25 cent.

42 — Flambeau de jeu à trois lumières, en bronze ciselé. Époque Louis XVI.

Haut., 21 cent.

43 — Paire de chenets en bronze ciselé et doré. Époque Louis XVI.

Ils sont formés chacun d'une statuette figurant un chien ou un chat assis sur une sorte de tabouret recouvert d'une draperie, à quatre pieds creusés de cannelures torses et orné sur la face principale de branches de laurier.

Haut., 37 cent.

44 — Flambeau de jeu à deux lumières, en bronze doré. Époque Louis XVI.

Il est décoré de cannelures et de perles; les deux lumières sont placées sur un plateau qui, ainsi qu'un abat-jour en métal peint, est mobile sur une tige.

Haut., 60 cent.

45. — PENDULE-CARTEL en bronze ciselé et doré. Époque Louis XVI.

Le cadran, portant la marque *Michel Fortin,* est inscrit dans un cartouche et surmonté d'un fût de colonne cannelée supportant un vase enflammé, décoré de godrons obliques et muni de deux anses enguirlandées de fleurs; culot s'amortissant en graine feuillagée.

Haut., 49 cent.

46. — PENDULE-CARTEL en bronze ciselé et doré. Époque Louis XVI.

Le mouvement, dont le cadran porte la marque *Henry Voisin,* est contenu dans un fût de colonne cannelé, mouluré à la base et cantonné de deux volutes renversées; culot de feuillage avec graine d'amortissement. Le couronnement est fait d'un vase muni d'anneaux mobiles.

Haut., 40 cent.

47. — PAIRE DE CANDÉLABRES à trépied, en bronze ciselé et doré. Modèle de Thomire. Fin du xviiie siècle ou commencement du xixe siècle.

Ils sont formés chacun d'un vase ovoïde à très long col en métal bleui, compris entre trois montants à têtes d'aigle et pieds de biche, reposant sur une base triangulaire. Chacun de ces candélabres présente, disposées en deux rangées superposées, neuf branches porte-lumières. Un bouquet de fleurs et de raisins forme le couronnement.

Haut., 92 cent.

Une paire de candélabres de même modèle que ceux-ci, avec quelques légères variantes, se trouve au musée du Louvre.

48 — Paire de candélabres en bronze patiné et bronze ciselé et doré. Commencement du xixe siècle.

Ils sont formés chacun d'une statuette de femme debout, drapée, portant un bouquet de trois rameaux feuillagés porte-lumières, reposant sur un socle cylindrique en marbre de couleur, avec plinthe carrée en marbre noir.

Haut., 81 cent.

49 — Flambeau de bouillotte à trois lumières, sur plateau-corbeille ajouré, en bronze ciselé et doré. Il est muni d'une tige avec abat-jour mobile. Modèle Louis XVI.

Haut., 67 cent.

50 — Deux paires de bras-appliques à deux lumières, en bronze ciselé et doré. Modèle Louis XVI de Forestier, formé de branchages noués, feuillage à graines et grappes de raisin s'accrochant à un nœud de ruban.

Haut., 59 cent.

51 — Paire de bras-appliques à trois lumières, en bronze ciselé et doré. Modèle Louis XVI, à gaine feuillagée ornée d'une tête de bélier et surmontée d'un vase.

Haut., 45 cent.

52 — Paire de bras-appliques à trois lumières, en bronze ciselé et doré. Modèle Louis XVI, à fût cannelé, cassolette et branches à volutes porte-lumières.

Haut., 45 cent.

53 — Garniture de cheminée, comprenant une pendule, deux candélabres et deux flambeaux, en marbre rouge veiné, bronze patiné et bronze doré. Le cadran de la pendule porte la marque : *Manière, à Paris*.

Hauteur de la pendule, 56 cent.

SIÈGES ANCIENS ET MODERNES
ÉCRAN

54 — FAUTEUIL DE BUREAU en bois mouluré, sculpté et ciré. Époque Louis XV.

De forme mouvementée et foncé de canne, il repose sur quatre pieds cambrés, dont un de face, et est décoré de feuillage, fruits à graines et fleurettes.

Larg., 65 cent.

55 — GRANDE BERGÈRE en bois mouluré, sculpté et ciré. Époque Louis XV.

De forme mouvementée. elle est décorée de feuillage et fleurettes. Elle est garnie et munie d'un coussin de velours épinglé à rayures et entredeux de fleurs.

Larg., 70 cent.

56 — GRANDE BERGÈRE en bois sculpté redoré, de Jacob. Époque Louis XVI.

Le dossier est rectangulaire, les accotoirs à balustres sont creusés de canaux obliques et les pieds-gaines sont ornés de cannelures rudentées. Le décor consiste en une frise d'entrelacs, bordures à rais-de-cœur, rosaces, etc. Elle porte l'estampille de *Jacob*. Garniture de damas rouge.

Haut., 94 cent.; larg., 70 cent.

57 — FAUTEUIL en bois sculpté redoré, attribué à Jacob. Époque Louis XVI.

Le dossier cintré est surmonté d'une grosse moulure feuillagée. Il est compris entre deux colonnettes feuillagées, au milieu desquelles prennent naissance les bras qui viennent s'appuyer sur des balustres à cannelures torses; la ceinture est décorée d'une frise d'entrelacs avec marguerites et les pieds sont creusés de canaux. Garniture de damas rouge.

Haut., 88 cent.; larg., 61 cent.

Une chaise de Jacob, de décor identique, se voit au musée du Louvre, dans les salles du Mobilier.

Un fauteuil semblable se trouvait dans la collection J. Doucet, 3e partie, n° 296.

58 — ÉCRAN en bois sculpté redoré, muni d'une feuille en soie brochée. Époque Louis XVI (?).

De forme rectangulaire, sur patins à double volute, il est décoré de moulures ornées de feuilles, rais-de-cœur et tore de laurier.

Haut., 92 cent. 1 2.

59 — DEUX FAUTEUILS ET UNE CHAISE en acajou. Époque Empire.

Les fauteuils à dossier cintré sont munis d'accotoirs formés par des ailes et des cols de cygne. Garniture de soie jaune.

Largeur d'un fauteuil, 61 cent.

60 — GRAND CANAPÉ en bois sculpté doré, recouvert en damas rouge. Modèle de Jacob, de style Louis XVI. A dossier droit, accotoirs à crosse et volute, pieds-gaines : il est décoré d'entrelacs, de rais-de-cœur, rosaces, etc.

Long., 2 m. 10.

61 — AMEUBLEMENT DE SALON en bois sculpté doré, comprenant deux bergères, quatre fauteuils et quatre chaises. Les dossiers rectangulaires offrent, au centre, un médaillon rond ou ovale, avec écoinçons supérieurs ajourés ; les pieds-gaines sont creusés de cannelures torses : la décoration se compose de piastres et tore de laurier. Garniture de damas rouge.

62 — DEUX CHAISES-FUMEUSES en bois sculpté doré. Dossier à colonnettes et pieds fuselés cannelés. Le décor consiste en rang de perles, ruban et rosaces. Garniture de satin cerise.

Larg., 51 cent.

63-64 — QUATRE FAUTEUILS, semblables deux à deux, en bois sculpté doré. Dossiers carrés à colonnettes détachées, accotoirs-balustres à culot de feuillage ; pieds fuselés et cannelés. Décor à ruban et rang de perles. Garniture de satin cerise ; deux sont munis de coussins.

Larg., 57 cent.

65 — DEUX GRANDS FAUTEUILS en bois sculpté doré, de modèle analogue aux précédents. Accotoirs à volutes renversées, pieds fuselés à cannelures obliques et décor fait d'un rang de perles. Garniture de satin cerise.

Larg, 68 cent.

MEUBLES ANCIENS

ET DE STYLE

66 — HORLOGE sur gaine, en marqueterie de cuivre, écaille et corne bleue, enrichie de bronzes ciselés et dorés. Atelier d'André Charles Boulle. Époque Louis XIV.

Cette horloge, de forme mouvementée, à fronton cintré et mouluré, repose sur un socle oblong muni de quatre pieds balustres. Cadran marqué et cartel émaillé avec l'inscription : *Gaudron, à Paris.*

La gaine qui la supporte, à gorge en retraite, est ornée de motifs en marqueterie tels que rinceaux, arabesques et feuillages, etc.; elle offre sur la face principale, au centre, un monogramme fait de deux *L* entrelacées.

La riche décoration de bronze ciselé et doré se compose d'une statuette d'amour tenant une faux couronnant le fronton, d'une figure du Temps couché sur une draperie posée sur le socle, de chutes à têtes de bélier et fleurs, de rosaces, palmettes, etc., enfin de quatre patins à grosses griffes feuillagées.

Haut., 2 m. 37.

67 — Petite table en marqueterie de bois, ornée de bronzes.
Époque Louis XV.

De forme ovale, munie d'un tiroir, elle repose sur quatre
pieds cambrés réunis par une tablette d'entrejambes. En
marqueterie de bois de placage à losanges, elle est garnie de
bronzes et d'une ceinture de cuivre ajouré.

Haut., 71 cent.

68-69 — Deux commodes en ancienne laque du Coromandel,
ornées de bronzes dorés. Commencement de l'époque
Louis XVI.

En forme de demi-lunes, elles sont chacune munies de
deux tiroirs et reposent sur quatre pieds-gaines creusés de
cannelures. Elles sont entièrement décorées, en couleur sur
fond noir, de personnages chinois sur les faces et d'animaux
chimériques sur les côtés. La garniture de bronze doré
comprend une baguette d'encadrement à torsade de feuillage,
des chutes, des poignées, des entrées de serrure et un cul-
de-lampe. Des bagues et des patins ornent les pieds. Estampille de *J.-A. Leclerc*. Dessus de marbre.

Larg., 1 m. 40.

Jacques-Antoine Leclerc, rue du Faubourg-Saint-Antoine, reçu
maître le 29 septembre 1779.

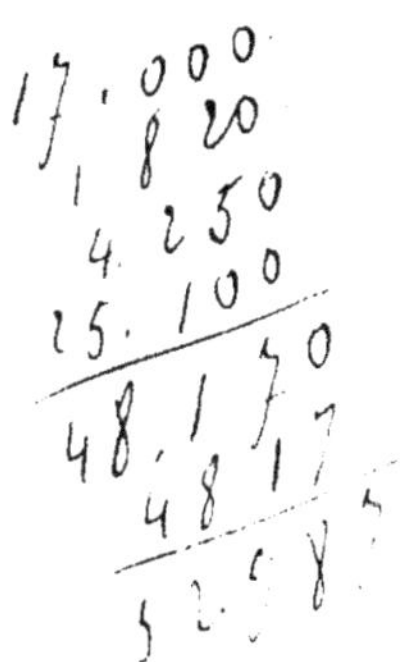

70 — **Paire de meubles-encoignures** en bois satiné, garnis de bronzes, par A. Héricourt. Époque Louis XVI.

Ces deux meubles, de forme cintrée, à pilastres saillants sur les côtés, sont munis chacun de deux portes. La ceinture en creux est ornée d'une grecque en bronze ciselé et doré, se détachant sur fond vert. L'ornementation se complète par des chutes, des rosaces et un cul-de-lampe. Dessus de marbre. L'un des deux porte l'estampille de *A. Héricourt.*

Haut., 89 cent.; larg., 80 cent.

Antoine Héricourt, faubourg Saint-Honoré, reçu maître le 20 octobre 1773 ; syndic de la Communauté en 1786.

71 — **Petit meuble d'entredeux**, en bois satiné, orné de bronzes dorés. Époque Louis XVI. Pouvant faire garniture avec les deux meubles-encoignures qui précèdent.

De forme droite à ressaut central et angles coupés, il repose sur quatre pieds élevés carrés en gaines, et ouvre à deux portes. La ceinture, en creux, est ornée d'une grecque en bronze ciselé et doré, se détachant sur fond de bois clair. L'ornementation se complète par des astragales, anneaux de tirage, entrées de serrure, cul-de-lampe et patins. Dessus de marbre.

Haut., 86 cent.; larg., 93 cent.; prof., 44 cent.

72 — PAIRE DE MEUBLES-ENCOIGNURES en acajou et bronzes ciselés
et dorés, par J.-H. Riesener. Époque Louis XVI.

Chacun de ces meubles, de forme cintrée de face, est
muni d'une porte centrale en légère saillie, surmontée d'un
tiroir, et cantonné de deux consoles à volute se développant
sur toute la hauteur du meuble; il repose sur deux pieds
tournés à gorge et quart-de-rond.

La décoration de bronze ciselé et doré, de la plus grande
richesse et de la plus noble ordonnance, comprend : sur le
tiroir, une frise de postes à culots de feuillage: sur la porte,
une moulure d'encadrement à ressauts et rosaces aux angles,
et au-dessous, un cul-de-lampe à double volute feuillagée.
Les consoles moulurées sont enrichies, chacune, d'une
guirlande de fleurs attachée à l'œil de la volute par un nœud
de ruban; la base de la console est recouverte d'une large
feuille d'acanthe. Dessus de marbre mouluré bleu-turquin.
Estampille de *J.-H. Riesener*.

Haut., 1 m. 02 ; larg. de face. 1 metre.

Au musée du Louvre, dans les salles du Mobilier, est exposée une
commode, provenant des Tuileries, du même ébéniste, offrant les
mêmes dispositions de forme et la même ornementation de bronze.

Jean-Henri Riesener entra dans l'atelier d'Œben, aux Gobelins,
à la mort de celui-ci, prit la direction de son atelier et épousa sa veuve
en 1767. Le 20 avril 1768, il fut reçu maître, travailla à l'Arsenal. De
1769 à la Révolution, devint le principal fournisseur du Garde-Meuble
de la Couronne.

73 — CONSOLE D'ENTREDEUX en ébène et bois de citronnier, ornée de bronzes dorés, par C.-C. Saunier. Époque Louis XVI.

Cette console de grande dimension, de forme droite, à extrémités cintrées concaves, repose sur quatre pieds fuselés et cannelés, reliés par une tablette d'entrejambes en marbre blanc. La ceinture contient un tiroir orné au centre d'une table en légère saillie, découpée à la base et agrémentée de gouttes.

L'ornementation de bronze ciselé et doré comprend, à la ceinture, une large frise de canaux et culots de feuillage alternés. Sur la table saillante est un motif-applique offrant un soleil radié, avec mascaron de Phébus au centre de deux cornes d'abondance chargées de fruits. La décoration se complète par des moulures d'encadrement et des bagues à oves et millerais. Tablette de marbre blanc. Ce remarquable meuble porte l'estampille de *C.-C. Saunier*.

Haut., 1 mètre; long., 2 m. 10; prof., 62 cent. 1/2.

Claude-Charles Saunier, rue du Four-Saint-Antoine ; reçu maitre le 31 juillet 1752.

74 — BUREAU à cylindre surmonté d'une armoire, muni d'une pendule et orné de bronzes ciselés et dorés. Époque Louis XVI.

De forme droite, il repose sur huit pieds fuselés et cannelés, surmontés, sur la face principale, de quatre pilastres également cannelés, séparant les trois tiroirs dont la ceinture est garnie. Il est surmonté d'une armoire ouvrant à portes munies de glaces ; entre ces portes, dans un panneau plein, se trouve une horloge indiquant les quantièmes, dont le cadran est marqué : *Ridel, à Paris*. Couronnement fait d'une corniche moulurée, ceinturée d'une galerie ajourée en cuivre. L'ornementation de bronze comprend des moulures d'encadrement à oves et perles, des bagues, des motifs-appliques à attributs, palmettes et feuillages ; enfin, des entrées de serrure à collerette.

Haut., 1 m. 89; larg., 1 m. 15; prof., 65 cent.

75 — COMMODE en bois de rose et amarante, garnie de bronzes dorés, par C.-C. Saunier. Époque Louis XVI.

De forme droite, munie de trois tiroirs formant une légère saillie sur la face, de même que les deux côtés. L'ornementation de bronze se compose d'encadrements, d'entrées de serrure, d'anneaux de tirage et d'un cul-de-lampe à culot de feuillage. Dessus de marbre blanc. Estampille de *C.-C. Saunier*.

Haut., 80 cent.; larg., 1 m. 29; prof., 55 cent. 1/2.

76 — PETIT SECRÉTAIRE-BUREAU en marqueterie de bois de placage. Époque Louis XVI.

Ce petit meuble à deux corps, reposant sur quatre pieds élevés, carrés, en gaine, est muni en bas de deux tiroirs : la partie supérieure, un peu en retrait, ouvre à abattant et contient quatre petits tiroirs. Il est plaqué de bois de rose avec filets et petites rosaces.

Haut., 96 cent.; larg., 46 cent.

77 — CONSOLE en bois sculpté redoré, attribuée à Jacob. En partie du temps de Louis XVI.

De forme droite avec partie centrale en saillie, elle repose sur deux pieds, faits de grosses volutes feuillagées, réunis par une traverse munie d'un patin en son milieu. La ceinture moulurée est ornée d'un rang de feuilles, de perles et creusée de cannelures rudentées. Dessus de marbre blanc.

Long., 1 m. 12.

78 — MEUBLE-CHIFFONNIER en bois de placage. Époque Louis XVI.

De forme droite, il est muni de sept tiroirs. Dessus de marbre.

Haut., 1 m. 44; larg., 83 cent.

79 — **Meuble a raser** en acajou et baguettes de cuivre. Fin de
l'époque Louis XVI.

La tablette supérieure est munie de deux petits tiroirs
latéraux. La partie basse ouvre à trois tiroirs de face. Décor
de cannelures plaquées de cuivre. Tablettes de marbre gris.

Haut.. 1 m. 10; larg., 5o cent.

80 — **Régulateur** en acajou mouluré. Commencement du
xix° siècle.

Il est formé d'une cage rectangulaire en acajou, à base et
corniche moulurées. Le mouvement à balancier compen-
sateur est à cadran métallique portant la marque : *H. Motel,
H^r de la Marine Royale*.

Haut., 2 mètres.

81 — **Table-toilette** en acajou. Fin du xviiie siècle.

Elle est munie de trois tiroirs et d'une tablette de marbre
blanc. Le dessus, ouvrant à charnières, contient au revers
une glace.

Haut., 77 cent.; larg., 92 cent.

82 — **Petit bureau** plat, en acajou. Fin du xviiie siècle.

De forme rectangulaire et muni d'un tiroir à la ceinture,
il repose sur quatre pieds cannelés.

Haut., 71 cent. 1/2; long., 82 cent.

83 — **Deux meubles d'entredeux**, à hauteur d'appui, en acajou
mouluré.

De forme rectangulaire, à angles coupés creusés de trois
cannelures, ils sont ouverts et munis d'une tablette bordée
d'une galerie ajourée en cuivre, d'un tiroir dans la ceinture, et reposent sur une plinthe. Dessus de marbre blanc.

Haut., 90 cent.; larg., 1 m. 05; prof. 51 cent.

84 — PETIT BUREAU plat en bois noir incrusté de filets de cuivre, muni de cinq tiroirs et reposant sur quatre pieds cambrés. Il est garni de poignées en bronze sur les tiroirs et d'une moulure à quart-de-rond, avec agrafes aux angles, ceinturant le dessus en cuir. En partie ancien.

Haut., 73 cent.; larg., 1 m. 02.

85 — PETIT MEUBLE à étagère, en marqueterie de bois de placage, muni de deux portes et de deux tiroirs. Dessus de marbre.

Haut., 90 cent; larg., 73 cent.

86 — ARMOIRE en bois noir, ornée de quatre panneaux en laque d'or du Japon, à décor d'oiseaux et branchages sur fond aventuriné. Ferrures en cuivre gravé de style japonais.

Haut., 2 m. 10; larg., 1 m. 12.

87-88 — DEUX MEUBLES à étagères, formant paire, en acajou, de style Louis XVI. Ils sont munis de quatre tablettes, de forme cintrée, avec marbres gris encastrés ceinturés de galeries ajourées en cuivre, et reposent sur trois pieds toupies. Fonds de glace.

Haut., 1 m. 53; larg., 65 cent. 1/2.

TAPISSERIES ANCIENNES

89 — Tapisserie d'Aubusson. Époque Régence.

Elle offre une composition, dans la manière de Coypel, représentant le Char de Bacchus; fond de paysage. Riche bordure d'encadrement, offrant, sur fond brun, des arabesques chargées de fleurs, fruits et oiseaux.

Haut., 2 m. 95; larg., 3 m. 70.

90 — Tapisserie de Bruxelles. Commencement du xviiiᵉ siècle.

Elle représente une composition allégorique dans un paysage. Au premier plan, à gauche, on voit sur une nuée le Char de Junon que précèdent deux paons; une suivante, debout, accueille la déesse. Vers la droite, deux femmes occupées à soigner des fleurs; au centre et à l'arrière-plan, un groupe de petites figures, parmi lesquelles Jupiter armé de ses foudres ayant auprès de lui l'aigle symbolique. Encadrement de bordure simulant un cadre de bois doré, à moulures faites d'oves et d'un tore de feuillage, orné aux angles et aux milieux de cartels et de trophées de carquois ou de flambeaux.

Haut., 3 m. 15; larg., 4 m. 30.

91 — Tapisserie du temps de Louis XIV. Probablement des ateliers de Paris.

Elle offre une composition à nombreux personnages dont le sujet paraît tiré d'un épisode de l'Histoire grecque ancienne. Elle est encadrée d'une riche bordure faite d'une frise de rinceaux feuillagés et fleuris interrompue dans les milieux par des mascarons à mufles de lion.

Long., 3 m. 45; larg., 5 mètres

92 — AUTRE TAPISSERIE du temps de Louis XIV, faisant partie de la même tenture. Même fabrique.

Elle offre également une composition à nombreux personnages dont le sujet paraît tiré de l'Histoire de Troie. Même bordure d'encadrement que celle de la tapisserie précédente.

Haut., 3 m. 35 ; larg., 3 m. 75.

93-97 — CINQ ENCADREMENTS de baies ou de rideaux faits de bordures d'ancienne tapisserie d'Aubusson, du xviiiᵉ siècle, à décor simulant un cadre à oves et enroulements de fleurs et feuillage, avec agrafes aux angles. (Pourront être divisés.)

Hauteurs et largeurs variées.

98 — SIX FEUILLES DE PARAVENT en ancienne tapisserie au point et broderie. xviiiᵉ siècle.

Chacune de ces feuilles, de forme rectangulaire, offre, sur fond crème, trois médaillons ovales superposés et réunis par des nœuds de ruban ou de fleurs, renfermant chacun une gerbe ou un vase fleuri. L'encadrement est fait d'une baguette enguirlandée.

Hauteur d'une feuille, 2 mètres; larg., 60 cent.

99 — PLUSIEURS TAPIS D'ORIENT. (Seront divisés.)

100 — Objets ayant pu être omis au catalogue.